내가 만난 사람들

허충순 엮음

내가 만난 사람들

-시와 찻자리 꽃을 찾아서-

월간 DADO 다도

좋은 책

향기로운 삶을 지향하는 월간 다도는

차를 즐기는 사람들에게 꼭 필요한 책을 만듭니다.

책을 내면서

창간부터 지금까지
18년 동안 '찻자리 꽃'을 매달 실어주었고,
'내가 만난 다인'을 통해 독자들을 만날 수 있도록 배려해주신
월간 『다도』에 그 고마운 마음을 이제사 전합니다.

회도花道 56년,
다도茶道 43년,
나에게는 매우 행복한 세월이었습니다.

다석화에 깃들인
아름다운 혼魂과 맥脈을 전하고 싶은 마음은
지금도 간절합니다.

남은 세월
하루하루를
님들과 함께 보내고 싶습니다.

허충순

차 례

차의 멋을 아는
다인 김동길 교수를 만나다

김동길 교수는 수년 전 꽃과 차를 사랑하는 모임인 '청향회'에서 준비한 '금요강좌'를 통해 오랜 기간 강의를 했다. 강연 테마는 종교·인생·사랑 등 우리가 살면서 늘 부딪치는 문제를 주제로 삼았다. 강연을 들으며 접한 그의 해박한 지식과 올바른 가치관의 여운은 아직까지도 내 가슴에 남아있다.

주변 사람에게 필요한 것을 나누어 주는 배려의 삶

성결한 미소와 손에서 놓은 적 없는 작은 책, 이 시대를 대표하는 스승, 역사학자, 지상의 대명사, 이것이 내가 알고 있는 연세대학 명예교수이자 한국차인연합회 고문이기도 한 김동길 교수의 모습이다. 그의 서가에 꽂혀 있는 수만 권의 책과 100여 권의 저서, 지금도 날마다 물 흐르는 듯 글을 쓰는 일이 이루어지고 있음에 오로지 존경과 찬사를 보낸다.

김동길 교수는 '라디오 코리아' 방송을 미국에 살고 있는 우리 교포들에게 20년 동안 한 번도 빠지지 않고 방송을 했다. 필자는 전화로 원고 없이 연설하듯 진행하는 생방송 장면을 누누이 지켜본 바 있다. 또한 그는 강연회를 통해 대중을 설득시키고 감동까지 주는 강연 예술가이기도 하다. 이렇듯 다양한 분야에 해박하며 자유와 사랑의 영혼을 지닌 그를 내 필력으로 다 비출 수 없기에 차의 멋을 아는 다인으로서 차와 관련된 일부만 조명해 본다.

강연자와 지휘자의 자세는 같다

김 교수는 수년 전 꽃과 차를 사랑하는 모임인 '청향회'에서 준비한 '금요강좌'를 통해 오랜 기간 강의를 했다. 강연 테마는 종교 · 인생 · 사랑 등 우리가 살면서 늘 부닥치는 문제를 주제로 삼았다. 강연을 들으며 접한 그의 해박한 지식과 올바른 가치관의 여운은 아직까지도 내 가슴에 남아있다. 청향회에서뿐 아니라 다른 단체에서 강의 중 마실 생수나 차를 준비해 두어도 한 번도 마시지 않았다. 그 이유를 한참 뒤에야 강연회를 음악회에 비유한 말

KOREA
LEVIATHAN

을 통해 알게 되었다.

'오케스트라 지휘자가 연주 중에 돌아서서 물 마시는 일 보았느냐?' 강연자의 자세도 이와 마찬가지라 했다. 일상의 한 예를 들자면 식당이나 찻집에서 직원을 불러 부족한 무언가를 주문할 때, 그 직원이 한참 어린 젊은이여도 그의 인격을 존중해 말을 절대 낮추지 않는다. "우리는 앉은 자리에서 한 번쯤 부른다고 하지만, 자리마다 한 번씩 다 불러서 오게 한다면 그는 얼마나 고단하겠는가"라는 이유 때문이다.

김동길 교수가 말하는 차와 인생이란?

"음악을 들을 줄 아는 사람이 있고, 들어도 아무 느낌이 없는 사람이 있습니다. 아무리 베토벤 교향곡이 웅장하고 듣는 사람 대부분이 크게 감동한다 하지만 모두가 꼭같은 감동을 받는 건 아닙니다. 유치원 어린이에게는 동요를 불러줘야 좋아하지 차이코프스키의 바이올린

협주곡을 들려주면 조금도 좋아하지 않습니다. 차와 인생도 그런 관계에 놓여 있는 게 아닐까요?

이와 비슷하게 차맛을 아는 사람이 있는 반면에 차맛을 모르는 사람도 세상에는 많이 있습니다. 그것은 인생을 다 같이 살지만 인생의 맛을 아는 사람도 있고 모르는 사람이 있는 것과 마찬가지입니다. 대개 서양 사람들은 커피를 즐겨 마시는데, 그래도 영국인들은 오후가 되면 'Tea Time'이라 해서 홍차를 마시는 것이 교양 있는 영국인의 관습이라고 합니다.

차 종류만 해도 적지 않다고 하는데, 전문가들이야 여러 가지 차를 마셔본 경험이 있겠지만 일반 사람들에게는 그런 경험이 적습니다. 대개는 홍차, 녹차, 화차 정도가 고작일 것입니다. 보이차라는 특이한 차가 근년에 들어와 많이 보급되고 있는데, 처음에 나는 그 맛을 즐길 수 없었습니다. 그러나 보이차에도 종류가 다양하기 때문에 많이 마셔본 사람은 보이차의 참맛을 알고 있습니다. 아주 오래된 보이차는 100년 넘게 숙성된 것이 있다고 하던데

일반 사람이 구해 마시기는 힘들다고 합니다. 나는 십수 년 묵은 보이차를 가끔 마실 기회가 있었는데, 고급 보이차일수록 그 맛이 담담합니다. 인생도 그런 것이 아닐까요?"

김동길 교수에게 묻는 차 이야기

"하동에 있는 수백 년 된 차나무에서 딴 찻잎을 가지고 만든 차 한 통이 1,300만원에 팔렸다고 들었습니다. 그때의 감동은 값을 매기기가 어려운 고흐의 '해바라기' 그림 한 장이 몇 년 전 일본돈 50억엔(우리 돈 500억원)에 팔렸다는 이야기를 들었을 때와 비슷했습니다. 그만한 값의 차가 우리나라에서도 만들어진다는 것은 정말 자랑스러운 일입니다."

한국차에 대해 언급한 김동길 교수의 말이다. 차를 사랑하며 늘 차생활을 즐기는 그가 사용하는 차와 다도구는 가까운 사람들이 보내준 것들이다. 그는 그것을 소중이 여기며 사용하고 있다고 했다. 그는 자신의 80년 삶의 결론은 '인생의 주체가 사랑' 이라는 것, 즉 사랑의 크기가 인간의 크기라는 깊은 여운이 남는 말을 하여 내 가슴에 깊은 생각의 골을 만들었다. 다도 2008년 8월호

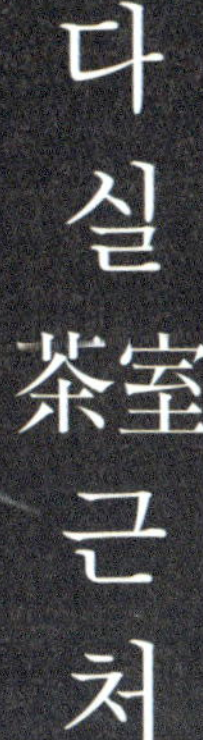

다실茶室 근처

종점에서 내린다
근처까지 온 것 같은데

어디세요?

다 왔어요
언제까지
언제까지
다 온 것 같은데

어디세요?

꽃 화엄

제각기 인생
모퉁이로 돌아가는
늦은 한 해

이 끝에서 저 끝까지
우리는 구부러지는
중입니다

늙어서 피는
중입니다
모두가 화엄으로

다치고
아물며

혼자서
혹은 둘이서
꽃천지 그 뿐입니다

花

울림과 여운이 있는 테너 박인수 선생

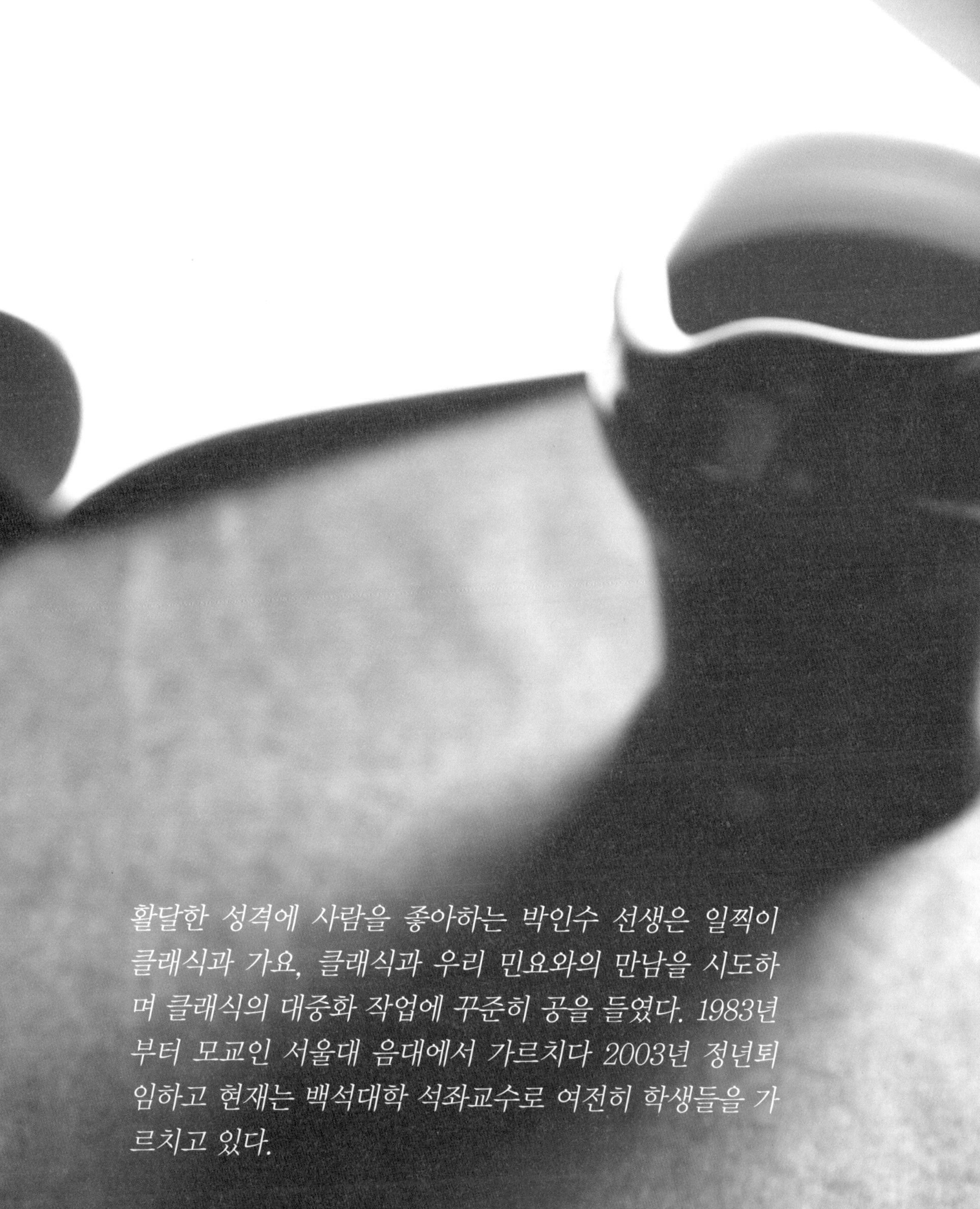

활달한 성격에 사람을 좋아하는 박인수 선생은 일찍이 클래식과 가요, 클래식과 우리 민요와의 만남을 시도하며 클래식의 대중화 작업에 꾸준히 공을 들였다. 1983년부터 모교인 서울대 음대에서 가르치다 2003년 정년퇴임하고 현재는 백석대학 석좌교수로 여전히 학생들을 가르치고 있다.

성악가 박인수 선생

'넓은 벌 동쪽 끝으로 옛 이야기 지줄대는 실개천이 휘돌아나가고 얼룩배기 황소가 해설피 금빛 게으른 울음을 우는 곳 그 곳이 차마 꿈엔들 잊힐리야~ 음 / 질화로에 재가 식어지면 비인 밭에 밤바람 소리 말을 달리고 엷은 졸음에 겨운 늙으신 아버지가 짚베개를 돋아 고이 쉬는 곳 그 곳이 차마 꿈엔들 잊힐리야~……'

성악가 박인수 선생을 80년대 말 가수 이동원과 함께 '향수'를 부른 것으로 기억하시는 분들이 많겠지만, 음악계에서는 1967년 국립오페라단 『자유의 사수』로 데뷔한 이래 국내외 오페라에서 300회 이상 주역을 맡은 명실공히 한국 최고의 테너로 더 유명하다.

활달한 성격에 사람을 좋아하는 박인수 선생은 일찍이 클래식과 가요, 클래식과 우리 민요와의 만남을 시도하며 클래식의 대중화 작업에 꾸준히 공을 들였다. 1983년부터 모교인 서울대 음대에서 가르치다 2003년 정년퇴임하고 현재는 백석대학 석좌교수로 여전히 학생들을 가르치고 있다.

선생과의 만남

필자는 첼로와 성악을 전공한 두 여동생 덕분에 자주 음악회를 찾으면서 자연스레 박인수 선생를 알게 되었다. 내가 몸담고 있는 청향회를 비롯, 몇몇 모임에서는 몇 달에 한 번씩 차

나 꽃 외의 주제를 정해 그 방면의 전문인들을 초대해 강의를 듣거나 작은 음악회를 열었는데, 이를 통해 선생과 친분을 쌓았다.

1990년 초 무렵, 차를 주제로 한 노래가 있어서 다인들이 듣고 불렀으면 좋을텐데 하는 생각에 주제넘게 선생님께 부탁을 드렸다. 지금 생각해도 그 일은 바쁜 선생의 시간을 많이 뺏는 무리한 부탁이었는데도 흔쾌히 배려해 주어 무려 7곡의 노래를 녹음, 테이프 레코드에 담을 수 있었다.

이렇듯 박인수 선생은 여러 가지가 미흡한 지방에서도 선생을 원하고 또 음악이 필요한 자리라 생각되면 따지는 법 없이 흔쾌히 응하는 호인이다.

차와의 만남

미식가로 잘 알려져 있는 선생은 일찍이 국내 유수 잡지에 '맛 기행' 이란 꼭지를 오랫동안 연재한 바 있다. 또 월탄 박종화 선생의 생질이기도 한 그는 독서량이 많기로 유명하다. 예전에 사석에서 선생은 『삼국지』에 유비와 차와 관련된 내용이 있다는 걸 알려주신 걸로 보아 책을 통해 처음 차를 알게 된 것이 아닐까 짐작한다.

80년대부터 녹차를 마셨던 박 교수는 공연 일정이 빡빡할 때는 우리 차를 보온병에 담에 다닐 정도인데, 지금도 자택에는 차 음료를 박스로 쟁여두고 있다. 90년 무렵부터는 발효차의 매력에 빠져 지금까지 즐기고 있다. 다도 2008년 10월호

노차를 만난 다회

400년을 거슬러 간다
첫 겨울이 첫 봄을 만난 마음으로
옛 찻잔 감싸 안고

그 시대에서 이 시대로
일순간 차를 머금어
한 시대의 꽃을 보고
한 세기의 능선을 그린다

수평선

바다와 하늘 사이
하늘과 바다 사이
선 하나 그어두고
빙그르르 돌아
다시 선 하나
긋고
그만, 그냥 누워 있네

글과 씨름하는 작가에게 가장 어울리는 마실 거리는 뭘까? 더구나 치밀하게 상황을 설정하고 긴박한 극적 전개를 요구하는 추리작가에게…. 아마도 커피가 가장 무난하지 않을까 싶어 언제가 여쭈어 보았더니 의외의 답이 돌아왔다.

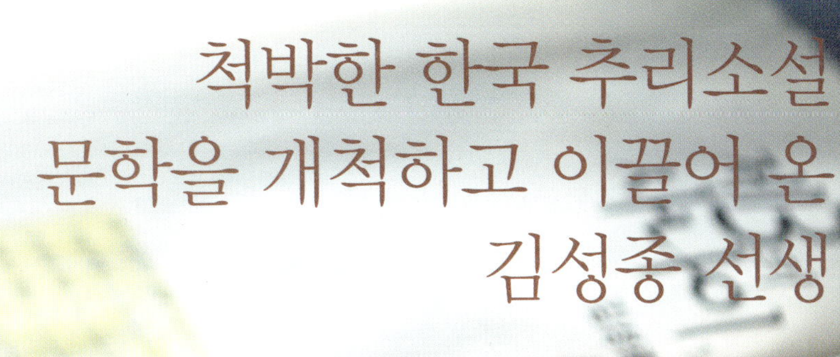

척박한 한국 추리소설 문학을 개척하고 이끌어 온 김성종 선생

선생과의 만남

1992년 3월 국내외를 통틀어 유일무이한 '추리문학관'이라는 도서관이 문을 열었다. 개인이 온전히 사재를 털어, 게다가 문화의 불모지라는 부산에서…. 당시 아무도 생각하지도 못했던 이 일을 추진했던 분은 작가 김성종 선생이다. 『최후의 증인』·『제5열』·『나는 살고 싶다』·『라인X』·『국제열차 살인사건』·『백색인간』…등 수많은 작품들을 발표하며 한국 추리소설 문학을 일반인에게 또렷하게 각인시킨 김성종 선생은 1991년 10월 드라마로 방송되어 엄청난 반향을 일으킨 『여명의 눈동자』의 작가로 더 많이 알려져 있다.

선생이 현재까지 주재하고 있는 추리문학관은 단순한 도서관으로 존재하는 곳이 아니다. 어려운 여건 속에서도 매년 다양한 문화행사와 의미있는 주제를 정해 시민들이 직접 참여할 수 있는 정기적인 강좌를 여는 등 수준 높은 문화·예술 활동에 많은 기여를 하고 있다. 필자도 추리문학관에서 주관하는 문화대학 강사로 참가하면서 자연스레 선생과 가까워졌

다. 이후 부인 최경애 선생과도 알게 되면서 더 깊은 친분을 쌓았다.

작가, 더구나 추리작가는 전문적인 지식과 함께 다양한 분야에 지식과 호기심을 가지고 세상을 조망할 수 있어야 가능한 일이다. 그래서일까, 일상에서 만나 선생과 대화를 나누다 보면 세상을 전망하거나 통찰하는 깊이가 정말이지 예사롭지 않다는 걸 많이 느낀다. 그뿐만 아니라 인접 예술인 연극 · 음악 · 미술같은 장르에 대해서도 해박해 늘 풍성한 다담茶談이 끊이질 않는다.

차와의 인연

글과 씨름하는 작가에게 가장 어울리는 마실 거리는 뭘까? 더구나 치밀하게 상황을 설정하고 긴박한 극적 전개를 요구하는 추리작가에게…. 아마도 커피가 가장 무난하지 않을까 싶어 언제가 여쭈어 보았더니 의외의 답이 돌아왔다.

"30년 전부터 장모님이 다도를 하고 있던 인연으로 일찍이 녹차를 접했다"는 것이다. 이후로 지금까지 책 읽고 작품을 구상할 때는 늘 차가 함께한다. 뿐만 아니라 부산지역을 근거로 8년 전부터 활동하고 있는 '21세기 한국차회'의 자문위원을 맡고 있는 걸 보면 조용히 차생활을 즐기는 다인임에는 틀림없다.

요즘 근황은

일흔이 얼마 남지 않은 연세에도 일년에 절반은 국내외로 여행을 즐기는 자유인 김성종 선생은 얼마 전에도 장편 추리소설 『안개의 사나이』를 발간해 좋은 반응을 얻고 있다. 이처럼 창작에 대한 열정이 식을 줄 모르는 선생은 요즘 일본을 배경으로 한 3부작 분량의 새로운 작품을 구상 중이란다. 2009년 기축년에는 어떤 스릴과 주제를 가진 선생의 작품을 읽을 수 있을까? 벌써부터 기다려지는 건 나만이 아닐 것이다. 다도 2009년 1월호

서호용정

첫, 머금고
녹진향에 머리 숙이고
순정한 초록의 자유 가슴은 뛰었지
절강성 항주 찻잎
편편히 다져진 차의 고향
세상의 모든 첫이 모인 것은
미리 헤어지고 미리 만나는
잠잠히 호수가 되어
멀리 돌아오고만 싶은 것들의
서호달빛이 떠날 줄 모르네

능소화

담벼락에
척
척
걸어두고 환하다
서천노을 손잡고
활짝 웃고 있는
그대

차 마시고 도자기 굽는 박종권 교장 선생님

부산 해운대에서 동해안을 끼고 조금만 가면 있는 장안중학교는 아담하고 조용하고 아름답다. 외형만이 아니라 안에서 이루어지는 교육 또한 의미 있고 수긍이 가는 내용들로 알차게 채워져 있다. 이 학교는 일방적으로 학생들을 성적과 점수 따기로 내몰지 않는다.

인연의 끈

필자가 부산광역시 기장군 장안읍에 있는 장안중학교와 인연을 맺은 것은 부산시장 · 서울시장 · 내무부장관을 지낸 故 김현옥 선생이 1981년 5월 교장으로 부임하면서부터다. 엄청난 열정의 소유자로 '불도저' 라는 별명을 달고 다녔던 김현옥 교장은 교육이 전공은 아니었지만 학교는 무엇보다 환경이 중요하다며 교정에 꽃과 나무를 심어 학생들이 자연 속에서 면학에 힘쓸 수 있게 만들었다.

그런 한편으로 학생들에게도 직접 국화를 한 분씩 기르게 했으며, 교정 곳곳에 시를 새긴 나무판을 걸어두고 익히게 하는가 하면, 가을이면 수북이 쌓인 낙엽 위를 걷을 수 있도록 해 낭만과 멋이 어떤 것인지를 일찍이 일깨워 주기도 했다.

필자는 이런 선생 덕분으로 봄이면 벚꽃, 여름에는 등꽃, 가을에는 구절초, 겨울에는 잔디를 바라보며 이 곳에서 다회를 여는 호사를 누렸다. 당시 김현옥 교장의 뜻을 받들며 15년을 한결같이 곁에서 도움을 준 사람이 바로 지금의 박종권 교장이다.

아름다운 숲과 꽃이 있는 학교

부산 해운대에서 동해안을 끼고 조금만 가면 있는 장안중학교는 아담하고 조용하고 아름답다. 외형만이 아니라 안에서 이루어지는 교육 또한 의미 있고 수긍이 가는 내용들로 알차게 채워져 있다. 이 학교는 일방적으로 학생들을 성적과 점수 따기로 내몰지 않는다. 먼저 사람과 자연, 그리고 공동체를 인식하고 느끼게 한 다음 각자의 수준과 특기, 적성에 맞

는 교육을 직접 선택하고 받을 수 있도록 지도하고 있다.

'정직하게 사고하고 성실하게 행동한다'는 교훈이 60년을 맞으면서 긍정적이고 알찬 결실들을 맺고 있다. 학생들이 주축이 되어 발행하는 신문 『흥진학보興陳學報』를 슬쩍 보니 독서경진대회나 청소년연극제 등에서 전국 최고상을 받았고, 학내에서도 다양한 동아리들이 싱싱하게 활동하고 있었다. 학생들은 어리지만 스스로 생각하고 행동하는 데 익숙해 있는 것 같았다. 아마도 이런 자율적인 분위기와 교육적 성과는 문학을 전공했고, 차와 도자기와 서예를 사랑하는 박종권 교장의 인문주의 정신이 깔려있어서가 아닐까?

젊어서는 김현옥 교장과 십수 년을 밤 11시에 퇴근하며 학교를 분신처럼 생각하며 일궈온 박종권 교장. 요즘은 일과가 끝난 다음 도자기에 푹 빠져 시간 가는 줄을 모른다고 한다. 도자기의 어떤 점에 끌렸는지 물었더니, "글쎄요, 소설도 서예도 해봤지만 나중에는 싫증이 나던데, 도자기는 하면 할수록 빨려드는 묘한 매력이 있다"고 한다.

좋아서 하는 일은 빨리 능숙해진다던가. 박 교장은 지난해 5월 대한민국종합미술대전 도예부분에서 입선을 하더니, 11월에는 한서미술대전에서는 특선에 입상을 했다. 늘 열려 있었고, 또 솔직했으며 모든 일에 진지한 선비의 인상과 성품을 지닌 그는 차가 잘 어울리는 가인佳人임에 분명하다. 다도 2009년 2월호

황산모봉

찻잎 거두어
찻자리까지 이어진 마음
정결한 가슴 소롯이

차의 시간은 빛을 다듬고
차의 마음은 향 이루어

안휘성 하늘마저 맑음이 투영하여
거리의 일 묻지 않는다

청나라 황제도 감복한 모봉
살구나무 아래 다식화 펴 놓은 듯
살구빛 향례
처음 손길 그대로

야생화 사랑

나는 너의
심장이며
너는 나에게
목숨입니다
세상을 향해 둥그러진
빛입니다

너는 나의
생명이며
나는 너에게
운명입니다
구름 닿는 한쪽 끝에
피었습니다

나는 너에게
사랑이며
너는 나에게 예술입니다
포개져 서로를 당기며
밀어내며
빗물을 떨어뜨립니다

차를 대하면
마음이 맑고
고요해진다는
정여스님

정여스님은 1974년 범어사에서 벽파스님을 은사로 출가했다. 이후 1975년과 1976년에 사미계와 구족계를 각각 받은 뒤 주로 선방에서 수행 · 정진해왔고 대한불교교사대학 학장, 대한불교어린이 지도자연합회 회장, 금정구종합사회복지관 관장을 지냈다.

"티 없는 담담한 마음이 부처님 마음입니다. 맑고 고요함을 추구하는 것이 다인이니 혼탁한 사람들에게 맑음과 나눔을 실천하는데 조금도 주저함이 없어야겠습니다."

약속된 부산불교회관에 들어서니 정여 스님이 반갑게 맞으시며 자신도 조금 전 경찰청 간부들과 오찬 겸 회의를 끝내고 도착했다고 하신다. 아마도 부처님오신날을 앞두고 봉축 점등식과 연등행사와 관련해 경찰과의 협조 때문인 듯하다.

필자와는 문학 모임을 통해 알게 된 정여 스님은 대한불교조계종 제14교구 본사本寺인 범어사 주지로 계신다. 최근에는 불교 · 천주교 · 개신교 · 원불교 · 천도교 · 유교의 6대 지도자들이 참석하는 모임인 부산종교인포럼 상임회장을 맡고 계시니 인터뷰 약속을 얻어낸 것

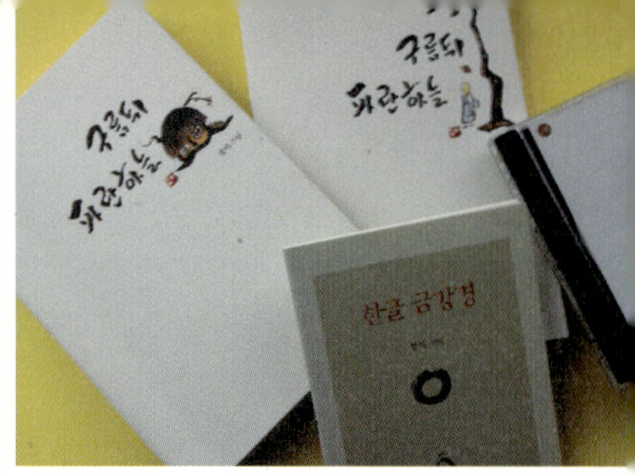

만으로도 감사할 따름이다. 수순처럼 스님의 차 인연을 물었다.

"차는 출가하면서부터(1974년) 인연이 있었습니다. 그러다 얼마 뒤 남해 용문사에 머물렀는데 거기 암자 주위 숲으로 차나무들이 드문드문 있었지요. 당시 스님 세 분이 계셔서 함께 차를 따고 덖어보자며 의기투합했지요. 마침 구리솥과 맷방석이 있어서 한 사람은 뽕나무 말린 장작을 때고 나머지 사람들은 각각 덖고 비볐습니다. '차는 정갈해야 한다' 는 생각만 가지고 갖은 정성을 다 했지만 부뚜막 사이로 올라오는 연기에 눈물을 흘리느라 떨어진 찻가루를 제대로 닦아내지 못했는지 불의 강약 조절을 잘못했는지 다 만들어 시음을 해보니 탄내가 약간 났어요. 그래서 일일이 키질한 차를 그동안 신세졌던 분들과 도반에게 보냈는데 인사치레인지는 모르지만 칭찬이 많았던 게 인연의 시작이었습니다."

차 뿐 아니라 시와 선화禪畵에도 조예가 깊은 정여 스님. 지난해 10월 29일부터 11월 30일까지 범어사 대웅전 마당에서 열린 '선서화禪書畵 및 사진전' 에서 단순한 이미지에 짧은 글로 긴 울림을 주어 전시회의 부제副題처럼 사람들의 마음을 부처님 마음으로 물들이기도 했다.

바쁜 시절이라 다인들을 위한 스님의 덕담 한 말씀을 부탁했다. "티 없는 담담한 마음이 부처님 마음입니다. 맑고 고요함을 추구하는 것이 다인이니 혼탁한 사람들에게 맑음과 나눔을 실천하는데 조금도 주저함이 없어야겠습니다. 아울러 종교를 가지되 메이지 않아 응용이 자유자재였으면 합니다." 오랜만에 들은 스님의 덕담만으로 마음이 따뜻하게 펴지는 느낌을 받았다. 다도 2009년 5월호

육안과편

어디엔가
참외씨 모양으로 열리는
세상도 있겠지

시도
때도 없이
시시때때로
한세월 누리듯 육안 차향 밀려오네

향의 기억

먼 바다 건너
해안에 떠내려 온 향목의 심장
누구인가
느리게 향을 듣습니다
고아하고 비밀스럽게
부여잡은 옷자락에
향은 흐르고

누구인가
향 놀이의 잿빛 기억은
입가에 미소로 번져가네
한 줄씩 써 내려가는
편지에 향은 스미어드네
그윽하게 갸륵하게

쥐었다 놓아도
원형의 제주음식이 되는
김지순 명인

김지순 선생은 1936년 제주에서 태어나고 자랐다. 아버지는 자매만 남겨두고 일찍 세상을 떠났지만, 다행히 곁에는 정갈한 할머니와 당차고 손끝 야문 어머니가 있었다. 1955년 이 무렵이면 제주도에서, 그것도 여자를 서울에서 대학 공부시키기란 아무나 할 수 있는 일은 아닌 시절이었다.

우리 삶에서 시간만이 가르쳐주는 진실이 있다. 지난한 세월을 묵묵히 견디며 한눈팔지 않고 자신의 길을 뚜벅뚜벅 걸어온 사람만이 발하는 향기. 제주 향토음식 명인 1호 김지순 선생에게서도 그런 향을 맡을 수 있다.

선생은 1936년 제주에서 태어나고 자랐다. 아버지는 자매만 남겨두고 일찍 세상을 떠났지만, 다행히 곁에는 정갈한 할머니와 당차고 손끝 야문 어머니가 있었다. 1955년이 무렵이라면 제주도에서, 그것도 여자를 서울에서 대학 공부시키기란 아무나 할 수 있는 일은 아닌 시절이었다. 그러나 선생은, 아니 그의 어머니는 큰딸의 등을 흔쾌히 밀어주었다.

"이화여대 약학대는 떨어지고 화학과에 1년을 다니다 당시 충무로에 있던 수도여사대 가정과로 옮겼어요. 그때 넉넉하게 살던 지인의 집에 기숙할 때였는데, 그 집 숙수熟手로 있던 평양 할머니 솜씨가 너무 대단했어요. 저도 솜씨 좋은 할머니와 어머니를 보고 자라 어지간

한 건 꿰고 있었는데, 그 분의 음식 세계는 제주와 전혀 달랐어요. 당시 여름엔 먹지도 않던 돼지고기를 삶아 수육과 편육으로 조리하는 거며, 애호박을 전 · 찌개 · 국 가리지 않고 온갖 음식에 넣는 거예요."

놀람과 충격은 곧 관심과 흥미로 바뀌었고, 음식에 새롭게 눈 뜨면서 학교 수업이 그렇게 재미있을 수 없었다. 이후 모든 관심사가 식재료와 음식으로 좁혀졌음은 물론이다. 타고난 솜씨에 좋아하기까지 하니 깊어지고 넓어질 수밖에. 73년 제주전문대에서 학생들을 가르치기 시작했고, 85년 제주도에서 처음으로 요리학원을 열어 오늘에 이르렀다. 그리고 2년 전부터는 일본까지 입소문이 나 오사카에서 매달 「김지순 선생 한국요리 교실」이 열리고 있다. 이런 그의 차 인연이 궁금했다.

"어릴 때 아버지와 차를 마셨지만 그게 차인 줄은 몰랐어요. 기억에 남는 건 실론티를 버

렸다는 거예요(웃음). 그러다 대학에서 강의를 하면서 부산여대와 인연이 되었고, 제주 지부장을 맡은 게 계기가 됐지요. 「관향회」라는 차 모임을 만들어 지금까지도 회원들과 꾸준히 재미있고 신나게 공부하고 있습니다."

오래전부터 김지순 선생은 "차를 마시지만 말고 먹자"는 야무진 생각을 갖고 있었다. 우리의 몸을 만드는 음식이 본업이다 보니 차가 음료로만 보이지 않았던 것이다. 시간이 날 때마다 요리 조리에 차와 찻잎을 이용한 음식 개발에 애정을 쏟은 덕에 차를 테마로 한 레시피를 적지 않게 내놓았다.

선생의 요즘 관심사는 회원들과 1주일에 한 번 하는 홍차 수업과 "음식에 쓸 수 있는 찻잎"이다. 지금까지는 주로 차를 우리고 남은 잎이나 가루 녹차를 이용했지만, 앞으로는 생엽生葉을 바로 사용하는 방법에 대해 고민하고 있다.

양념과 소스 범벅인 음식에 정신이 팔려있을 때 제철의 식재로 거칠게 만드는 제주 음식에 정성을 쏟은 것처럼, 모두가 차를 마시기만 할 때 선생은 차를 먹을 궁리를 하고 있었다.

다도 2011년 1월호

벽라춘

일찍이 금당선생님
번개 우뢰가 천지를 쳐도
세상 모르고 마시는 차라 일러 주셨지요

강소성
동정산 속 백록의 신선한
청향을
한세월 마냥 소문 없이 풀어 놓고
실타래 푸른 차 다관에 우리지요
청청한 빛 산 그늘에 노닐고

층층 다식함 뚜껑조차 여는 것 잊어버린 채
찻잔만 오락가락
산천을 울리는 찻물소리

벚꽃 지는 날

꽃은 지고 싶어 지느냐
난들 늙고 싶어 늙느냐
영원이 있다는 곳으로 흩날리는 듯
길섶자리 분홍 눈꽃 널렸네
가로지른 꽃구름
지는 숨결 빈 자락에 기대어

벚꽃 차 물빛 속에 노니네
발그레 연분홍으로 피는
온 세상 빛나는 꽃시간
마음밭 이랑에 나풀거리는 하루
하르르 지고 싶어 지느냐
사르르 늙고 싶어 늙느냐

차와 함께 하는 새로운 삶
김무남 선생

만날 때마다 느껴지는 편안하고 살가운 일상이 그들 삶의 전부가 아닐까 여겨지는 부부가 있다. 늘 둘이 함께 건강을 챙기고 차도 나누며 오붓하게 지내는, 마치 오누이 같은 사람들이 있다. 김무남 신라대학교 전 총장 부부가 그렇다. 한결같은 마음으로 같은 곳을 바라보며 길을 가는 이들이다.

만날 때마다 느껴지는 편안하고 살가운 일상이 그들 삶의 전부가 아닐까 여겨지는 부부가 있다. 늘 둘이 함께 건강을 챙기고 차도 나누며 오붓하게 지내는, 마치 오누이 같은 사람들이 있다. 김무남 신라대학교 전총장 부부가 그렇다. 한결같은 마음으로 같은 곳을 바라보며 길을 가는 이들이다.

김무남 총장이 차를 처음 접하게 된 것은 지금부터 40년 전 대학원 석사과정에 있을 때다. 당시 지도교수님이었던 남제南濟 이강호李康鎬 박사께서 난도 기르시고 또 차를 즐기시던 분이라 제자들에게 곧잘 차를 권하셨기에 마시기 시작했던 것이 인연이 되었다.

"처음 차를 마셨을 때에는 그저 밋밋한 것이 도무지 무슨 맛으로 마시는지 알지도 못하면서 마시곤 했습니다. 정통 차보다는 오히려 구수한 맛이 나는 현미녹차나 향이 짙은 재스민차 같은, 맛이 또렷한 차들을 선호했어요." 젊었을 때고 또 분명한 성격만큼이나 맛도 확실히 알 수 있는 것에 호감이 갔을 터이다.

그렇게 공부에 열중하고 가르치는 일(식품화학)에 힘쓰는 바쁜 생활이 계속되는 바람에

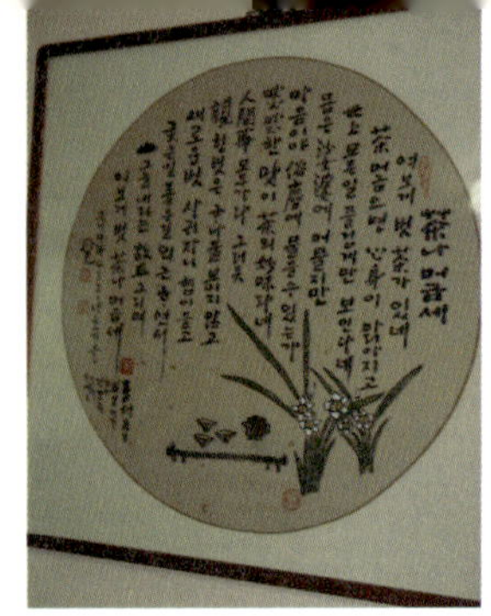

한동안 차를 가까이 하지 못하고 지냈다. 세상일에는 때가 있는 법. 총장에서 물러난 다음 조금은 한가한 시간이 찾아왔을 때 우연히 사단법인 한국차문화협회에서 차 공부를 하게 되면서 본격적으로 차의 참된 맛과 향에 빠졌다. 날마다 차를 마시며 한편으로 차 공부에 힘쓰다 보니 이제는 어엿한 다인으로 주위 사람들뿐만 아니라 전국의 많은 다인들과 교유하면서 새로운 삶을 열어가고 있다.

지금은 부인(이순복 여사)도 김 총장의 권유로 차에 입문했다. 부부가 취미생활을 공유하면 생활은 자연스레 윤기가 흐르고 공감대 또한 넓어지기 마련이다. 뒤늦게 시작한 부인의 차에 대한 열정 또한 만만치 않아 어느 사이에 집에 단아한 다실을 만들었고, 이제는 혼자서 차를 즐기는 경지에 이르렀다.

오랜 만남을 통해 매번 느끼는 거지만, 김 총장은 아무리 바빠도 약속은 어기는 법이 없고, 주위 사람에게 늘 관대하며 베풀 줄 아는 사람이다. 한편으로 적지 않은 나이임에도 배움에 적극적인 그는 천상 공부하는 다인이다. 부인도 교사로 정년퇴임한 요즘, 두 사람의 모습을 보면 "부부란 각기 반씩이어서 둘이 합쳐야 하나의 완전체가 된다"는 부처반합夫妻半合이 그냥 나온 말이 아님을 알게 된다. 다도 2011년 4월호

김무남 선생은 2016년 타계하셨습니다.

스승

어느 하나
줄일 것 없는 근본의 가르침
수천 년을 흘러 다시 흘러도
하늘이 내린 하늘
한 마디의 말
그쳤다 다시 들리는
한 곡의 노래 가슴에 새겨주었네
여름에는 시원하고
겨울에는 따스한
변함없는 선비
악기를 완성한 아름다운 사람

나
물 한 모금
주세요

한순간
멈춘 한 발자국
아려오는 역사의 한 장면

거룩한 그 이름
윤봉길 의사
마지막 순간 남긴 한 마디
가슴에 가슴을 치는
통한이 사무치는 조국의 목마름

한 마디
그 한 마디
"나 물 한 모금 주세요."

금슬지락琴瑟之樂 안형필 · 김이숙 부부

오랫동안 라이온스 클럽에서 봉사활동을 해온 안형필 씨. 자매결연을 맺은 대만을 방문하면서 새로운 세계를 접하게 된다. 현지 백화점을 들렀더니 차와 자그마한 찻잔을 전시해놓고 팔고 있었는데 100g 정도나 들었을까 말까한 차 가격이 우리 돈으로 6만원, 찻잔은 찻값의 몇 배였다. 놀랐다. 지금부터 30년도 더 된 일이다.

茶와의 만남은?

오랫동안 라이온스 클럽에서 봉사활동을 해온 남편 안형필 씨. 자매결연을 맺은 대만을 방문하면서 새로운 세계를 접하게 된다. 현지 백화점을 들렀더니 차와 자그마한 찻잔을 전시해놓고 팔고 있었는데 100g 정도나 들었을까 말까한 차 가격이 우리 돈으로 6만원, 찻잔은 찻값의 몇 배였다. 놀랐다. 지금부터 30년도 더 된 일이다.

茶 공부를 했다던데?

우연한 기회에 한국차문화협회에서 아내 김이숙 씨가 차를 공부했고, 아내의 권유로 남편도 2년 과정을 밟았다. 남자들이 드물었지만 예절과 차는 물론이요, 차와 관련한 다양한 인접 문화도 배우고 익힐 수 있어 좋았다. 다만 새롭게 차를 접하면서 오랫동안 열정을 쏟았던 수석과 난초에 조금 소원해지긴 했다.

일상에서 茶는?

안형필 씨가 주재하고 있는 (주)동명건설은 도장塗裝 업계의 내로라하는 위치에 있다. 모두 불황이라 어렵다 하지만 그의 회사는 일이 넘쳐 더 이상 수주를 못 받는 실정이다. 그런 가운데서도 집과 사무실, 그리고 현장에서까지 늘 차를 달고 산다. 다른 건 모르지만 적어도 그의 주변인들에게 "건설현장과 술"이라는 고정된 이미지를 불식시킨 공은 적지 않다.

좋아하는 茶는?

두루 마시지만 그래도 보이차를 선호한다. 하지만 차 중에 구입하기 가장 어려운 게 보이차라 관련 책과 자료를 많이 보는 편이다. 그래서 한국이나 외국에서 보이차 전문가들을 만나면 궁금했던 것들을 메모했다가 꼭 물어본다.

茶를 선택하는 기준은?

농사를 지으면서 직접 경험한 것을 적용하려 한다. 가장 중요하게 생각하는 것이 무농약, 다음으로 교목 잎으로 만든 것, 그리고 믿을 만한 회사인가 아닌가를 체크한다. 이런 기준을 충족시키려면 스스로도 공부를 많이 해야 하지만 소개하는 상인의 도덕성도 중요하다.

뭘 하면서 쉬는지?

고향이 경북 청도인데 주말이면 그곳에서 지낸다. 갖은 채소와 차나무, 감나무 농사를 짓고 있다. 녹차는 씨를 뿌려 시작했는데 지금은 자급자족할 정도다. 물이 좋아 차 마시기 더없는 곳이다.

안형필 · 김이숙 부부가 사는 집에는 늘 손님들이 많다. "사람 사는 곳에 사람이 끊이질 않는다"는 사실 하나만으로 이들 부부의 화목과 인정人情은 짐작할 수 있다. 조만간 청도로 초대를 한다니 말만으로도 기분이 좋다………. 다도 2012년 9월호

동백꽃

하늘 아래 동백나무 숲
눈시울 붉게 태우고
새벽 비 소식에 내려와
땅 그늘 품었네
기다리는 것의 뜨거움을 적시듯

이별 아슴히 내려
두 눈 감아도 보이는 원향
도무지 선 채로 돌아설 수 없는
맨발로 주저앉아 부르는 꽃

붉게 펼쳐진 적요를 닮아
빈 가슴 울리는 겹겹 동백
언제였던가
동백 내리는 봄날인가 우중인가
이렇게 잊지 않기
잊지 않고 살기

나의 결혼 50주년

여보
당신,
그런 말
불러본 적 없는 두 사람

좋아한다는 소리
사랑한다는 말
단 한 번 한 적 없는 사이

그러면서 그러다가
팔십을 바라보며
한 주소 한집에 살고 있는

어둠이 물어다 놓는 각 방에서
시나브로 잠드는 노부부

세상에는 나서서 돋보이는 사람이 있는가 하면 드러내지 않아도 스스로 은은하게 빛을 발하는 사람도 있기 마련이다. 초사 문용택 선생 문하에서 꽃과 분재, 그리고 수석과 야생화를 필자와 함께 배운 허선옥 선생이 꼭 그런 사람이다.

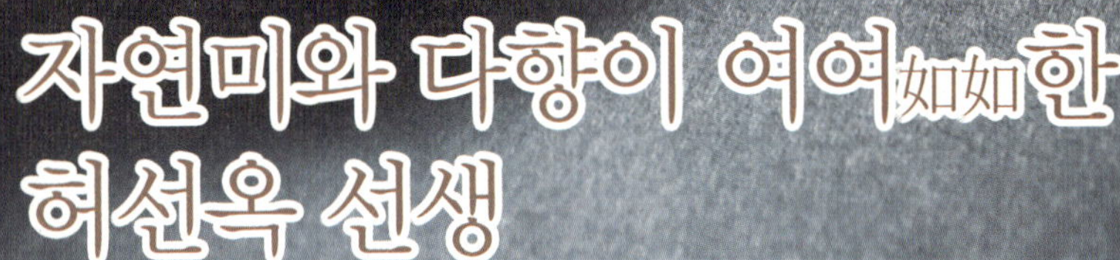

문득 되돌아보니

세상에는 나서서 돋보이는 사람이 있는가 하면 드러내지 않아도 스스로 은은하게 빛을 발하는 사람도 있기 마련이다. 초사 문용택 선생 문하에서 꽃과 분재, 그리고 수석과 야생화를 필자와 함께 배운 허선옥 선생이 꼭 그런 사람이다. 필자와는 50년 가까이 알고 지내는 분으로 80년대 초에는 금당 최규용 선생 댁에서 다도를 배웠고, 이어 부산여대의 한국다도협회 4기생으로 본격적인 찻생활을 시작했다. 이후 선생의 일상은 청남 오제봉 선생이 지어준 「초명회」 회장을 지내면서 20여년 동안 꽃예술 지도를, 그리고 30여 년 차를 즐겨온, 말하자면 생활 자체가 자연과 아름다움으로 이어져 있다.

"옛날 일 생각해보면 좋은 선생님을 만난 게 큰 복이었습니더. 그분들은 살아있는 것은 물론 무생물로 여기는 수석에도 생명 있는 것과 마찬가지의 애정을 가져라 가르쳐 주셨으

니까예." 그러고 둘러보니 선생의 아파트 베란다에는 주인의 애정어린 손길이 느껴지는 각양각색의 초화류들이, 거실에는 여러 이미지를 떠올리게 하는 수석들이 처연하게 자리잡고 있다.

차를 즐기다보니

흔히들 녹차가 냉해서 많이 마시면 속을 깎는다 하지만 80년대부터 우리 녹차를 즐겨 마셔 온 선생은 요즘도 녹차를 거르지 않는다. 아울러 오래 전에 구입해 두었던 흑차黑茶 계열인 천량차 · 복전차茯磚茶 · 보이차나 청차青茶 계열인 철관음 · 대홍포 · 대우령도 근래에는 자주 마신다.

"나이는 들어도 차를 알고 마셔야겠다는 생각이 들었십니더. 그래서 몇 년 전에 장원차문화교류회에서 중국차 수업을 들었지예. 좀 체계적으로 차를 공부를 해보니 도움이 많이 되

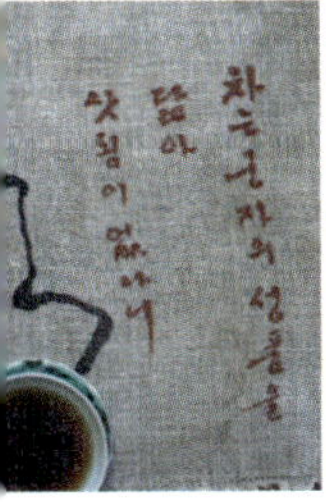

데예." 이를 계기로 선생은 차에 대해 이전과 다른 새로운 눈이 열렸고, 보다 다양한 차를 즐기게 되었다. 어떤 분야든 나이를 의식하지 않고 겸손하게 배우고 또 익히는 선생의 자세는 늘 주위 도반들의 귀감이 되고 있다.

일상을 엿보니

선생의 일상에서 빼놓을 수 없는 또 하나는 참선參禪이다. 1남 3녀 자녀 중에 막내딸의 출가를 권하고 도울 정도로 불심 깊은 선생은 5시면 항상 경전 공부와 독송을 시작, 참선으로 이어진다. 필자 같은 나이롱 불자에게는 실로 언감생심이다.

"이 공부하는 데는 나이가 상관없다 아입니꺼. 살림도 해야 해서 공부만 할 수 없지만, 주어진 여건에서 최선을 다 할라고 합니더. 생각만큼, 세월만큼 공부가 잘 안 되어도 늘 노력은 하지예." 공부를 하는데 가장 걸림돌이라는 잠, 그러나 선생 곁에는 마구니보다 더한 수마를 쫓는 차가 있으니 이 얼마나 큰 복인가.

인터뷰를 하는 날, 좀처럼 나서지 않는 허선옥 선생도 팽주로 자청해 함께 절에 다니는 도반들과 다담茶談을 나누었다. 지내온 날처럼 남은 날들도 오늘처럼 이어지길 원하며 찻자리를 접었다. 헤어질 때 "잘 가시라"고 인사하고 손 흔드는 선생의 단아한 모습은 눈 감고도 선명하게 그릴 수 있다. 다도 2012년 11월호

바람

바람이 좋아
꽃바람 불어
동백 숲에 꽃무리 모였네

툭
떨어져 빛나는 붉은 점
잃어버리고 싶구나
붉은 넋

떨어져 말하는 꽃
동박새 가슴에 품어
바람꽃 부네

떠난 후
아쉬워 불러보는 춘백
그리워 불러주는 동백
이게 다였다는 듯

동백 아래
바람이 분다
바람은 분다

흰 빛의 축제

가네 오네 평창으로
아름답고 장엄한 흰 빛을 향해
하얀 숲에 모여
무얼 해도 천지가 환하네

어릴 적 겨울 물 잠긴 웅덩이는
얼음판이 되었네
유리알처럼 뛰놀던 겨울놀이
널빤지 썰매와 빙판 미끄럼틀
그리고 그리고 눈으로 만든 신발을 신은 사람들

어린 시절 꿈 살리는 평창
꿈을 이루어낸 영웅들의 환호성
눈꽃이 부르는 평화의 축제
만났네 너와 나 사이
뜨거운 사랑 넘치는 평창 올림픽

무실역행務實力行이 몸에 밴 (주)옵스OPS의 김상용 대표

의 차는 하동, 제주, 보성 등 일부지역에서 은 생산량에 한시적으로, 게다가 종류마저도 양하지 않다 보니 다른 작물에 비해 파급효과 가 미약합니다. 이런 상황이라면 차를 활성화시 키는 데 한계가 있어요. 또 한국에서의 차는 일반 인들의 티백, 그리고 다인들의 고급차로 양분되 어 소비되는 것 같은데 이런 패턴이 장기화되면 차가 설 자리를 잃을지도 모릅니다. 초심자와 마 니아 사이의 간극을 메워줄 뭔가가 필요한 시점 이 아닌가 생각했습니다."

김상용 대표가 옵스를 시작한 것은 26년 전 부산의 대단위 아파트 단지가 있던 남천동에 가게를 열면서다. 당시만 하더라도 부산 시내에는 내로라하는 제과점들이 성업중이었기에 일반인들에게까지 옵스의 존재는 그리 두드러지지 않았지만, 필자는 지인을 통해 옵스의 빵과 케이크가 예사롭지 않다는 걸 알아 자주 그 맛을 경험하고 있었다.

그러다 11년 전쯤 필자가 살고 있는 해운대 아파트 1층 상가에 옵스 지점이 생겼고, 때마침 박인수 교수의 음악회 후원을 계기로 김사장과 부인 설경자 씨와 가까워졌다. 이후 함께 차를 마시며 지역의 문화에도 서로 애정을 가지며 돈독한 관계를 유지하고 있다.

시간과 품이 많이 드는 식문화 사업을 하다 보니 바빠서 차 관련 단체에 적을 두고 있진 않지만 차에 대한 그의 애정은 각별하다. 가끔 만나 차를 마시는 자리에서 나누는 얘기 속에도 다인들과는 확연히 다른 시각으로 접근하고 해석하는 그의 생각을 들을 때마다 속으로 놀란 적이 한두 번이 아니다. 얼마 전 기존 1층 제과점 옆에 새로운 스타일의 가게를 준비한다는 얘기를 들었다. 며칠 뒤 우연히 함께 한 찻자리에서 가게 르꽁비브(Le Lonvive, 귀한 식사 손님) 대한 궁금증을 물었다.

"우리의 차는 하동, 제주, 보성 등 일부지역에서 적은 생산량에 한시적으로, 게다가 종류마

저도 다양하지 않다 보니 다른 작물에 비해 파급효과가 미약합니다. 이런 상황이라면 차를 활성화시키는 데 한계가 있어요. 또 한국에서의 차는 일반인들의 티백, 그리고 다인들의 고급차로 양분되어 소비되는 것 같은데 이런 패턴이 장기화되면 차가 설 자리를 잃을지도 모릅니다. 초심자와 마니아 사이의 간극을 메워줄 뭔가가 필요한 시점이 아닌가 생각했습니다."

차를 비롯, 관련된 문화가 더디 보급되는 원인을 늘 사람들의 의식 문제로 돌리곤 했는데, 그의 이야기를 듣고 보니 차를 먼저 안 사람들의 차문화 보급 방법에도 문제가 적지 않았구나 하는 생각이 들었다. 해서 그 간극을 어떤 방법으로 메울 수 있는지를 다시 물었다.

"식사 후에 바로 차와 디저트를 경험할 수 있는 공간이 필요하다고 생각합니다. 말하자면 음식과 차와 디저트가 한 공간에서 제공되고 경험할 수 있는 곳이 생기면 차문화 발전에도 적잖이 도움이 될 것 같습니다."

공감 가는 얘기지만 그런 자리에서 티백이 제공될 리는 없고, 그렇다고 고급차를 마시자니 너무 부담스러울테고…… 이런 생각을 하는데 그가 말을 이었다.

"가격도 적당하면서 질 좋은 음식과 차를 제공하는 방법은 주인이 미리 식자재를 확보하거나 숙성시켜 놓는 거라 생각했습니다. 10여 년 전부터 이를 준비해왔고요."

순간, 그래서 예전에 그랬구나 이해가 되었다. 부산 인근은 물론 경북지역으로 작물을 재배할 수 있는 땅을 찾아다녔다는 일, 질 좋은 다양한 차를 확보하고 아름답고 품위있는 다기와 식기를 자체 브랜드로 주문하던 일, 미생물 농법을 도입하려고 일본 시네마현으로 갔던 일 등이 차례차례 연결되었다.

짧지 않은 세월 김상용 대표를 만날 때마다 느끼는 건 시작한 일은 똑 떨어지게 마무리 짓는다는 것, 그리고 사람의 외형보다는 그 사람의 내재된 문화를 중요하게 여긴다는 것이다. 매사 참되고 실속있도록 힘써 실행하는 그가 자랑스럽다. 다도 2014년 6월호

가족 여행

가는 세월 언저리
어느 지점인가 찻물로 씻은 마음
팔에 서로 기대어
찬찬히 돌아보는 너그러운 외출

따스한 겹겹 그림자
어깨에 얹히며 아련히 밀려가는 시간
평안이 우러나는 맑고 밝은 동행
앞서거니
뒤서거니
발길 닿는 데로 함께 걷는 일

그 다음은 어떻게 될지
어디서나 지극한 눈빛
무수한 계절이 바뀌어도 엇갈려도
무채색을 빠져나오는
무채색의 봄날 여행

모락모락

낙동강 매화 피는 원동마을
청매
백매
홍매
어디를 노크할까 줄 잇는 꽃동네

수양매화 내리는 눈부신 매향언덕
봄바람 풍류차 나뭇가지 아래 익어가고
오락가락 몇 해던가
더하여 인정 넘치는 모락모락한 맛집

고로쇠 두어 잔 빈 가슴 울리며
미나리 한 단 쓱 얹는다
세월의 한끝을 매만지며
그리워 다시 찾는 미식가의 고향집

보이차 찾아 뛰면서 몸으로 터득한 일광정사 여규평 사장

한 분야에서 정점에 서 봤던 이들이 대개 그렇듯 여사장도 일상이 복잡하지 않고 심플하다. 차를 좋아하고, 기물을 좋아하고, 좋은 차를 알아보고 마시는 사람을 좋아하고, 좋은 차가 있으면 만사를 제쳐놓고 나서는 그런 사람이다.

90년대 초 필자는 부산에서 뜻을 같이 하는 사람들과 국제신문 갤러리에서 국내 최초로 보이차 전시회를 연 적이 있었다. 차를 좋아하는 사람들에게 세상에는 이런 차도 있다는 것을 보여주고 싶어 전시회를 열었는데 사람들의 반응은 참으로 예상 밖이었다. 가령 이런 것들이었다. “보이차란 거 마시면 죽는다”, “무슨 시커먼 물을 차라 하느냐?”, “매국노네!”……. 놀라기도 했지만 마음 한구석은 좀 씁쓸했다. 우리가 우리 것을 아끼는 건 좋지만 새롭고 낯선 것에 대해 이렇게 배타적일 줄은 몰랐다.

서울 인사동에서 차 전문점 일광정사日光精舍를 운영하는 여규평 사장을 만날 때마다 그때의 일이 늘 떠오른다. 눈 밝아 일찍이 진년陳年 보이차를 알게 된 이후 줄곧 좋은 보이차만 찾아 한 길을 걸어오면서 그는 또 얼마나 많은 말들을 들었을까? 오랜만에 30년을 준비해 올해 완성한 일광정사에서 자리를 함께 했다.

한 분야에서 정점에 서 봤던 이들이 대개 그렇듯 여사장도 일상이 복잡하지 않고 심플하다. 차를 좋아하고, 기물을 좋아하고, 좋은 차를 알아보고 마시는 사람을 좋아하고, 좋은 차가 있으면 만사를 제쳐놓고 나서는 그런 사람이다. 본격적으로 차 가게를 하기 전 그는 표구를 했다. 그에게 표구를 맡긴 사람들은 글이든 그림이든 자신의 예상보다 더 잘 만들어져 있는 걸 보고 좋아하며 시중보다 몇 곱절이나 비싼 가격을 흔쾌히 지불했다 한다.

의아한 표정을 짓자 "표구를 하며 삼매에 들 정도였다"고 짧게 답했다. 당시 그는 표구 의뢰가 들어오면 먼저 작품을 오랫동안 꼼꼼하게 살폈다. 그런 다음 가장 잘 어울리는 좋은 재료들을 골라 눈에 드러나지 않는 부분까지 반듯하고 세심하게 만들었다. 밤을 새는 건 다반사였다. 순순한 마음과 짱짱한 솜씨가 함께 했으니 작업하며 삼매에 들었다는 그의 말에 수긍이 갔다.

차를 만나다

이처럼 몸과 마음을 함께 쓰는 작업자에게 가장 어울리는 게 차였다. 술을 못 하는 여사장은 표구 작업을 하면서 차를 달고 살았다. 물론 그때는 주로 녹차였다. 그러다 아는 스님을 통해 보이차를 만났다. 당시는 어떤 차인지 정확하게 몰랐지만 몸으로 좋은 차임을 알 수 있었다한다. 이후 그는 좋은 보이차陳年가 있다는 정보만 있으면 홍콩, 대만, 싱가포르, 말레이시아, 중국을 마다하지 않았다. 현지서 원하던 차를 구하는 경우도 있었지만 그렇지 않은 적도 많았다. 실망할 수 있는 상황이었지만 그는 그렇게 생각하지 않았다. 외려 차는 못 구했지만 현지에서 좋은 사람들을 만날 수 있었던 것에 고마워한다.

차에 대한 생각

"차를 업으로 하기 전부터니까 적지 않은 세월 차를 좋아하고 즐겼습니다. 어느 분야든 그렇지만 경험이 쌓이다 보면 깊이가 생기고, 깊어지다 보면 성찰하게 되잖아요? 정말이지 차와의 인연을 늘 감사하게 생각합니다."

이제는 책이나 인터넷에서나 접할 수 있는 호급號級 · 인급印級 보이차를 두루 경험하면서 그는 어느 날 이런 생각을 했다. '2030년에는 어떤 차를 마실까?' 어차피 진년 보이차는 한

계가 있으니 앞으로 박물관에 전시될 양만 남을 텐데 그렇다면 70~90년대 차들은 어떨까 하고…….

생각을 정하면 행동으로 옮기는 여사장은 바로 수소문해 이들 차를 찾아 시음에 들어갔다. 예상보다 훨씬 못 미치는 맛과 향에 실망이 컸다. 왜 이럴까? 이유가 뭐지? 고민했다. 시간적인 숙성에 차이도 있었지만 아무래도 상품商品으로 만들어졌기에 문제가 많다는 결론을 내렸다. 그래서 직접 만들기로 했다. 5년을 중국 현장을 누비며 자신의 경험과 현지 제다 실력자의 조언을 종합해 다연호茶緣號란 이름의 보이차를 만들었다. 2005년의 일이었다. 이후 매년 일정량의 다연호를 만들고 있다.

그는 다연호를 만들며 나름의 원칙을 정했다. 차를 만든 다음 보관은 본고장에서 하는 동시에 어떤 인위적 조치를 하지 말 것, 그리고 20년 보관한 다음에 출시할 것. 가게를 운영하는 입장에서 보자면 적잖이 가혹한 원칙이다. 그럼에도 이를 고수하는 건 '차는 자연의 산물이니 이를 거스르지 않아야 좋은 차가 될 수 있다'는 그의 신념 때문이다.

일광정사에 가면

일광정사에 가면 좀처럼 만나기 어려운 홍인紅印 같은 진년 보이차도 자리하지만 그의 까다로운 안목으로 주문 생산한 다구와 무이암차도 만날 수 있다. 그러나 이 보다 더 고무적인 일은 여사장의 장남 상현과 차남 상우 군이 그의 뒤를 잇고 있다는 것이다. 이제 우리도 차를 가업으로 이어지게 됐다는 게 참으로 다행스럽다. 두 아들 모두 중국에서 그림과 차를 공부했다고 하니 든든하기까지 하다.

『논어論語』 옹야편雍也篇에 '지지자 불여호지자, 호지자 불여락지자知之者 不如好之者, 好之者 不如樂之者', 즉 알기만 하는 자 좋아하는 사람만 못하고, 좋아하는 자 즐기는 사람보다 못하다는 말이 생각난다. 세 부자가 모두 차를 즐기니 일광정사의 미래가 한층 기대된다. 다도 2016년 11월호

어느 날 여행

가슴 하나 데우려고
가는 날이 금요일
오는 날이 목요일

눈으로 찾아가고
소리로도 찾아가는
버거운 짐 요일마다 털어내네
길목마다 나머지 비운
목요일 가방 속엔
차 한 통
다식 한 점

언젠가
돌아오지 못하는 요일은
참 쓸쓸해지는 생의 마지막 같은
좀처럼 발 떨어지지 않는 어떤 여행
까맣게 잊은 그 푸르른 시간이 되리

운상선원

칠불암 호두나무 뒤로 둔 채
선원으로 가는 길
풀섶과 나뭇가지
한결같이 묵언정진이다
적막한 산줄기그림자마저 지워도 되겠다

반야봉은 저만치구름으로 모자를 얹고
고요한 희열 빗질하여
떨구는 솔잎
발아래 아득하다

너를 생각하지 않고
나를 미워하지 않는
보는 듯 마는 듯
바라보고만 있는 선방禪房

화폭에 든 화병 앞에
운상차 한 잔 허공 위에
헌다獻茶한다

집중과 균형, 그리고 지족
김성수 법무사

광복절을 하루 앞두고 비가 내리던 날 김성수 선생을 만났다. 일상의 바쁜 업무에도 부산차인연합회에서 발행하는 책자 『차와 인생』의 편집장도 맡아 도움을 주고 있기에 필자는 늘 미안함과 고마움을 갖고 있다. 오랜만에 그의 서재 겸 다실에서 함께 차를 마실 시간을 얻었다.

그를 만나 가장 궁금한 건 최근에는 직업과 관련된 일 말고 또 어떤 분야에 애정을 쏟고 있는지였다. 왜냐하면 지인 중 김 선생만큼 다양한 분야에 도전하고 몰두하는 이가 없기 때문이다. 우선 법원 서기관 퇴직 후 법무사로 일하면서 대학원에서 중문학을 전공하고 논문으로 『다시를 통한 한 · 중 음다 문화 고찰』을 썼다. 그리고 법무사 개업을 할 때 사무실에서 〈茶, 書 그리고 만남〉이란 주제로 서예, 전각, 그리고 유물 등을 중심으로 한 소품전을 열기도 했다. 또 근 20년 간 부산박물관회의 핵심 멤버로 활발하게 활동해오고 있는 것도 그렇고.

요즘 근황이 궁금했다.

"일단 월 5회의 무료 법률상담과 조정 참여는 계속하고 있습니다. 이 일은 제가 업을 그만둘 때까지 지켜야지요. 그것이 공무원과 법무사로 일하게 해준 국가나 사회에 대한 보답이니까요. 그 외는 시간 쪼개 좋은 강좌, 특히 미술사 · 중국어 · 대금 등에 열심히 참여하고 있습니다. 최근 흥미가 생긴 건 테마 위주의 여행고요." 배우고 익히는 게 몸에 배인 라이프 스타일은 예나 지금이나 변함없었다.

다양한 만년필이 눈에 띄었다.

"책을 읽다보면 그냥 넘기기 아까운 대목은 독서 노트에 옮기는 데 권수가 쌓이고 있습니다. 그러다 보니 자연스레 만년필과 다양한 색깔의 잉크에 관심이 가더라고요(웃음). 아직 몽블랑은 구하지 못하고 라미, 파일롯 같은 대중적인 만년필만 10종류 모았는데, 적는 주제에 따라 만년필과 잉크를 바꿔가며 쓰는 게 재미있습니다." 환갑을 넘겼

어도 젊음과 동의어라는 호기심이 충만하다. 살짝 부러웠다.

요즘은 어떤 차를 마시는지도 알고 싶다.

"특별히 선호한다기보다 오랫동안 마셔왔기에 보이차 중심이지요. 차 전문가가 아니므로 형식 없이 그냥 편하게 연하게 즐깁니다." 차를 오래 한 사람들의 특징이 우리고 마시는 데 형식적인 구애를 받지 않는 것처럼 그도 차를 쉽고 편하게 마신다.

차는 어떤 인연으로 맺어졌는지 묻지 않을 수 없다.

"96년께, 지인인 난전문가 송길현 씨로부터 고산오룡차를 선물 받은 것이 계기입니다. 그러다 보이차를 알게 됐으니, 거의 보이차 1세대로서 그게 지금까지 이어진 거죠. 개인적으로 보이차는 참 드라마틱합니다." 마음이 동하는 분야가 있으면 촘촘하고 깊게 접근하는게 그의 스타일, 그랬기에 이름만 대면 알만한 오래된 보이차도 소장하고 있나 보다.

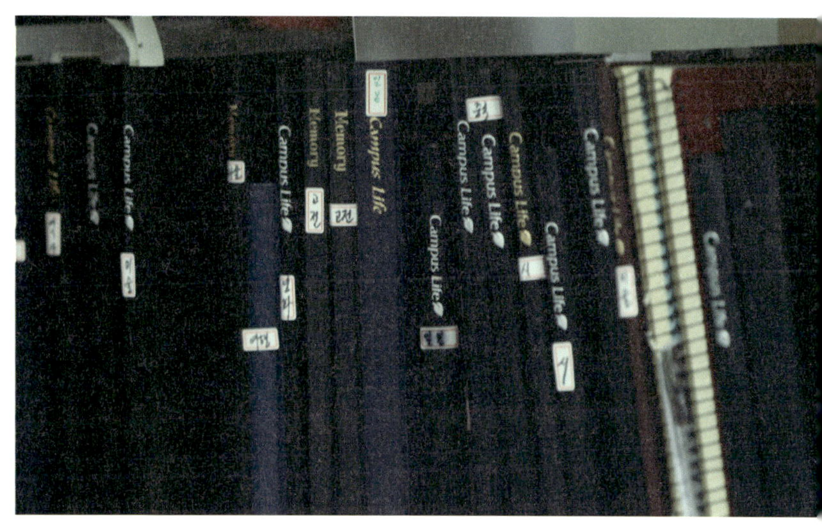

짧은 미래에 대한 그의 생각도 듣고 싶다.

"요즘 걷거나 지하철을 탈 때 한시를 외우곤 하는데, 앞으로 50수 정도를 중국어 원음으로 외우는 것이 목표입니다. 오래 전에 노신의 〈고향〉이란 단편의 끝부분 '희망은 길과 같은 것' 이란 내용의 문장을 원음으로 읊곤 했는데, 시나 문장을 우리말이 아닌 중국어 원음으로 읽다보면 작가나 작품의 분위기에 빠져드는 것 같은 매력이 있습니다. 강추합니다. 좋아하는 시는 백거이의 〈대주〉입니다. 찰나에 불과한 인생을 시시비비로 낭비하지 말고 즐겁게 살자는 내용인데, 딱히 처세관 측면보다는 경청과 이해 공감으로 받아들이면 좌우명으로 삼을 만합니다."

함께 다담을 나눈 뒤 소박하지만 알찬 점심자리에서 그는 지나가는 말처럼 이랬다. "제 삶은 행운입니다. 능력보다 나은 대우를 받아온 것, 실보다 허로 포장된 평가 등을 생각하면 송구스럽지요. 그리고 가족과 주위의 좋은 분들 덕분에 안온한 생활을 누리고 있는 것만도 행운의 연속이라 그저 감사하지요."

자신의 삶을 행운으로 아는 사람, 늘 감사하는 마음으로 일상을 사는 사람이라면 정말이지 차가 어울리는 사람임에 틀림없지 않나. 다도 2017년 9월호

향 사르기

향 시간에는
문 없는 문을 열고
창 없는 창을
닫습니다

펼칠 것도 잃을 것도 없어서
향 한 줌 품고
선정에 든 향로 가에
향합처럼 앉습니다

향례로 문을 열고
한 조각 침향으로
창을 여는
먹먹한 마음

지그시 눈을 감으면
향나무를 얇게 빚던
생전의 아버지
모습이 훈향에
어리고
모든 밤을 두 손 모은
어머니 뵙습니다

◆ 그밖의 만난 다인들

일본 우라센케 센소시츠 이에모토의 저녁 찻자리에서 각지의 다인들과 함께 했다.

응송 스님과 함께.

김동길 교수 생신날 강흥구 이사장과 함께.

왼쪽에서 앞줄만 김성길 · 김동진 · 김규환 · 김명신 · 박인수 · 배용 · 채연식.

향 · 경현수 · 김성길 · 김남조 · 박인수 · 오현명 · 번훈 · 박권흠 · 문상림 · 김기원

황수로 · 김동길 · 김동진 · 김규환

1999년 제15회 청향문화제에서 「차 노래로 새천년을」.

시인 김남조, 테너 박인수 선생과 함께.

부산여자대학에서 차 강의를 끝내고
김의정 명원이사장과 석성우 스님.

사진은 왼쪽부터 석정스님, 김종희 선생, 일타스님,
뒤쪽 오른쪽부터 무봉 선생, 범하스님 등.

다인의 노래

차를 주제로 한 노래 모음

- 다도의 노래
- 다인의 노래
- 차의 날
- 청향의 노래
- 다인의 말
- 애다송
- 다인의 마음

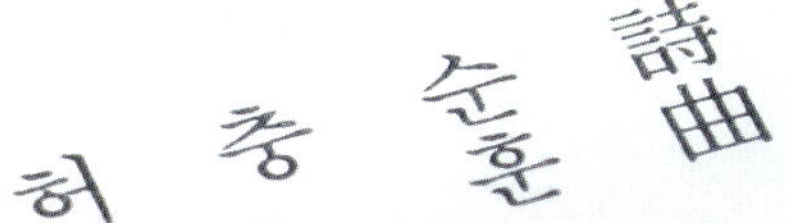

音樂과 詩, 茶人의 만남 그리고 邊君

물소리

바람소리

새소리를 듣다 보니

꽃 피는 소리도

눈 내리는 소리도 즐기게 되었습니다

자연의 숨소리를 들으며

그 향기를 느끼며

차를 사랑하는 마음을 쓰다듬어봅니다

차와 꽃을 사랑하는

님들의 마음에 흐르는

애창곡이 되기를 기원합니다.

김동길 · 김남조 · 정공채 · 신봉승 님이 작사를,

김동진 · 김규환 · 변훈 · 최영섭 님이 작곡을 해주셨습니다.

다도의 노래

김동진 작곡
김동길 작시

다인의 노래

고 고하 고 아 름다 워 라——— 茶 道 의
다 정하 고 고 요하 여 라——— 茶 道 의

높은뜻을 몸 에지 니 고——— 온 갖세상의
깊은뜻을 몸 에지 니 고——— 온 갖고난의

속진을떨치고 하 늘높 히 날 으리———
역경을넘어서 늘 푸르 게 살 으리———

차의 날

김규환 작곡
허충순 작시

일 깨 우 - 며 함 께 가 는 길 -
하 나 되 - 는 큰 뜻 을 따 라 -
우 리 - 는 모 두 하 - 나 오 늘 은 차 의 날 고 요 한 아 침 의 나 라
사 랑 - 의 샘 물 솟 - 는 오 늘 은 차 의 날 고 요 한 아 침 의 나 라
축 제 이 어 라 축 제 이 어 라 -
축 제 이 어 라 축 제 이 어 라 -

청향의 노래

김규환 작곡
김남조 작시

평 화 와 풍 요 로 - 움 다 인 이 일 깨 워 서
아 침 애 축 원 하 - 고 저 물 녘 등 불 밝 혀
모 든 날 모 든 이 와 사 랑 의 길 벗 되 리 아
바 르 고 의 연 하 게 사 람 의 길 가 리 라 아
아 청 - 향 그 담 향 의 이 - 룸 아
아 청 - 향 그 겸 허 한 베 - 움 아
아 청 - 향 그 다 도 의 우 - 정
아 청 - 향 그 동 행 의 기 - 쁨

다인의 말

김동진 작곡
허충순 작시

먼 하 늘 아 득 히 흰 구 름 흐 르 고
호 숫 가 가 득 히 석 양 이 비 치 고

다 인 이 나 직 히 꿈 꾸 는 듯 말 했 네
다 인 이 간 절 히 기 도 하 듯 말 했 네

아 살 아 온 흔 적 보 다 남 은 세 월 - 을
아 살 아 온 흔 적 보 다 남 은 세 월 - 을

아 살아온 인생보 다 남 은 세 월 을
아 살아온 인생보 다 남 은 세 월 을
f
얼 마 나 아름답 게 보 낼 것 - 인 가 -
얼 마 나 아름답 게 보 낼 것 - 인 가 -
f
백 옥 빛 다 인 의 푸 른 염 원 이 여
황 혼 빛 다 인 의 푸 른 유 산 이 여

애다송

Andante (con grazia)
1. 오 늘 도 맑 은 마 음 으
2. 언 제 나 고 운 마 음 으
로 향 긋 한 차 를 들
로 정 답 게 차 를 들
며 그 리 운 그 대 그 리
며 그 리 운 그 대 그 리

며 기 쁨 도 슬 픔 도 달 랜
며 아 쉬 운 세 월 도 달 랜
다 세 상 살 이 고 달 퍼
다 온 갖 일 이 괴 로 워
도 슬 기 롭 게 풀 어 주
도 지 혜 롭 게 풀 어 가
는 그 대 모 습 아 름 다
는 그 대 모 습 은 혜 로

위 라 차 를 다 리 며
위 라 차 를 다 리 며
心 身 을 다 스 리 는
心 身 을 다 스 리 는
아 ! 忠 和 知 寂 참
아 ! 忠 和 知 寂 참
차 의 사 랑 아
차 의 사 랑 아
dim.
dim.

茶人의 마음

신봉승 작시
최영섭 작곡
2000. 12. 25

※ 귀한 원본이 남아있어 그대로 실었습니다.

내가 만난 사람들

- 시와 찻자리 꽃을 찾아서 -

초판 1쇄 인쇄 | 2018년 12월 7일
초판 1쇄 발행 | 2018년 12월 15일

지 은 이 | 허충순
펴 낸 이 | 강법선
책임편집 | 김유출
디 자 인 | 김영애
펴 낸 곳 | 도서출판 월간 다도(茶道)

주소 | 서울시 종로구 삼일대로 453번지 EJ빌딩 4층
메일 | 2002dado@hanmail.net
전화 | 02-722-7777
팩스 | 02-722-7845
등록 | 제1-2404호(1998년 11월 21일)

ISBN
978-89-88651-27-8

값 17,000원